LA GUÍA MÁGICA DE LAS
CASAS DE
HOGWARTS

Julia March

Contenido

¡LOS HECHIZOS MOLAN!

Introducción

¡Bienvenido a Hogwarts! Este famoso colegio de magia es el lugar ideal para que los jóvenes magos y brujas estudien. Pero no todos los estudiantes son iguales. Algunos son buenos; otros, inteligentes; y otros, taimados. Y unos cuantos tienen una vena heroica que los empuja a blandir una varita para proteger a los demás. Los fundadores del colegio lo sabían y crearon cuatro casas para que todos pudieran madurar y prosperar. ¡Ven a explorar las casas de Hogwarts!

Esta diadema aumenta la sabiduría

La espada de Gryffindor se usa en duelos

A Rowena Ravenclaw le gustaba enseñar a alumnos muy muy brillantes.

Para Godric Gryffindor, la gallardía y el valor eran las cualidades más nobles.

Fundadores de Hogwarts

Hace más de mil años se reunieron dos brujos y dos brujas célebres con un objetivo común: crear la mejor escuela de hechicería del mundo de la magia. La llamaron Colegio de Magia y Hechicería de Hogwarts, y cada uno de ellos creó una casa que cultivaba las cualidades que más valoraba.

Un día Locket ocultará un secreto siniestro

Reluciente copa de Hufflepuff

Salazar Slytherin valoraba sobre todo la astucia y la ambición.

Helga Hufflepuff animaba a los estudiantes a ser leales, trabajadores y justos.

Sombrero Seleccionador

Los alumnos de primer curso esperan con ansia la ceremonia del Sombrero Seleccionador. En Hogwarts, la casa a la que pertenece cada alumno se convierte en su familia. Allí hacen amigos y compiten con las casas rivales. Pero ¿cómo decide el Sombrero? Analiza a fondo el corazón y la mente de los alumnos, y también tiene en cuenta los deseos de cada uno.

¡HUFFLEPUFF!

Se convoca a los estudiantes uno a uno

La casa Gryffindor

Es la casa de los héroes y, por supuesto, la de Harry Potter. Solo los alumnos más valientes son seleccionados para la casa Gryffindor. Sus osadas proezas llaman tanto la atención que algunos (sobre todo los de la casa Slytherin) los tachan de fanfarrones. Pero esto no es verdad: un Gryffindor solo hace lo que hace para ayudar a los demás.

Los colores de las casas

Los colores de Gryffindor son el granate y el dorado. El estandarte muestra leones granates y coronas doradas sobre un fondo cuarteado.

La espada de Gryffindor

Harry blandió esta espada mágica de plata durante la misión para encontrar y destruir los Horrocruxes. Fue forjada por duendes hace siglos.

El fantasma

Nick Casi Decapitado pasea
por la torre de Gryffindor
desde el siglo xv, despúes
de que una ejecución
chapucera pusiera fin
a sus días como mago.

Emblema del león

¿Quién no conoce la expresión «fiero
como un león»? Este orgulloso animal
es el emblema natural de Gryffindor,
la casa de los valientes.

¿Sabías que...?

Un retrato de la Dama
Gorda custodia la puerta
de la torre de Gryffindor.
Solo deja pasar a quien
conoce la contraseña.

Sombrero acabado en punta, con banda con hebilla

¡VERA VERTO!

El broche refleja su ascendencia escocesa

La profesora McGonagall

Minerva McGonagall lleva años enseñando en Hogwarts. Es estricta pero justa, y no tolera tonterías por parte de los alumnos (¡ni de los otros profesores!). Preside la ceremonia del Sombrero Seleccionador y es directora de Gryffindor y subdirectora del colegio. ¡Cuánta responsabilidad!

Datos hechizantes

1. Se llama Minerva, nombre de la diosa romana de la sabiduría.

2. Es una animaga y se puede transformar a voluntad en una gata atigrada.

3. Enseña Transformaciones, el arte mágico de convertir un objeto en otro.

Copa de plata para las clases de Transformaciones

Este libro abierto muestra un hechizo

Datos hechizantes

1. Tras sobrevivir a una maldición que mató a su familia, Harry es conocido como «El niño que sobrevivió».

2. Tiene una cicatriz en forma de rayo en la frente.

3. Causó revuelo al atrapar la snitch dorada con la boca en su primer partido de quidditch con Gryffindor.

¡UNA VICTORIA MÁGICA!

Harry celebra el heroico triunfo de Gryffindor

La codiciada Copa de las Casas

Harry Potter

Harry deseó que el Sombrero Seleccionador no lo enviara a Slytherin. Este lo escuchó… y gritó: ¡«Gryffindor»! En su primer año, Harry ganó 50 puntos para su casa «por todo su temple y sobresaliente valor». Ha combatido a basiliscos, dementores e incluso a Quien-tú-Sabes con la misma valentía.

Ron Weasley, el amigo pelirrojo de Harry

El tentempié de la ceremonia de la Copa de las Casas

Hermione Granger

Gryffindor acoge con gusto a estudiantes muggles, en especial a la brillante y valiente Hermione, que siempre está lista para intervenir en clase… y en favor de sus amigos. Además, es aventurera: si tiene que colarse en la biblioteca en busca de información después de clase, lo hará sin dudarlo.

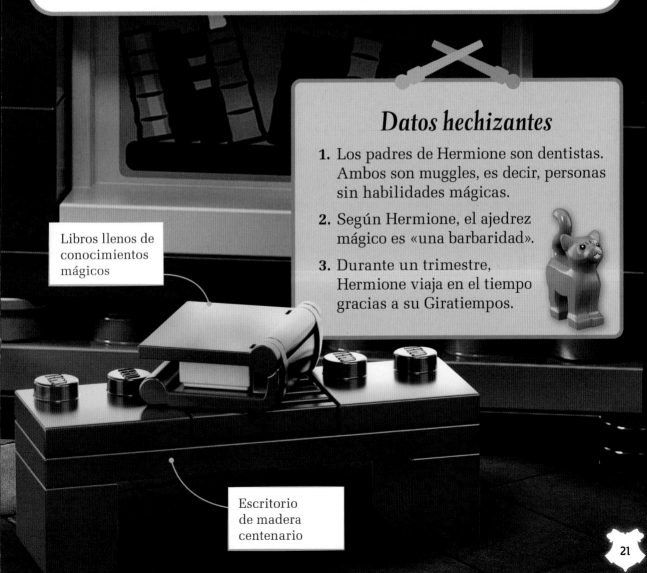

Datos hechizantes

1. Los padres de Hermione son dentistas. Ambos son muggles, es decir, personas sin habilidades mágicas.

2. Según Hermione, el ajedrez mágico es «una barbaridad».

3. Durante un trimestre, Hermione viaja en el tiempo gracias a su Giratiempos.

Libros llenos de conocimientos mágicos

Escritorio de madera centenario

Ron Weasley

Ron tiene el listón muy alto. Todos sus familiares son héroes de Gryffindor, así como sus amigos Harry y Hermione. Sin embargo, tras guiar a sus compañeros en un peligroso juego de ajedrez mágico, demuestra que él también es un héroe. ¡Cincuenta puntos para la casa a la salud de Ron!

¡...TORRE A E4!

Planificando el primer movimiento de Hermione

Chaqueta informal a cuadros. ¡Hoy no hay clase!

En esta partida, Hermione hace de torre

El equipo de Ron debe tratar de capturar a este rey

¡En el ajedrez mágico, las piezas se mueven solas!

Datos hechizantes

1. Tanto la ropa como la varita y la rata de Ron son heredadas.

2. Juega un partido épico de quidditch cuando cree que ha bebido Suerte Líquida.

3. Mientras aprende a deshacerse de los boggarts, se enfrenta a uno con la forma de su mayor pesadilla: una gran araña.

Los estandartes cuelgan sobre las ventanas en arco

Amplio sofá con sitio para varios alumnos

HOGWARTS

Zumo caliente de calabaza listo para tomar

La sala común

Después de clase, los alumnos se relajan en la sala común de su casa. Gryffindor tiene una de las más acogedoras. Imagínate apoltronado en su mullido sofá junto al fuego crepitante. ¡Aaah! ¿Y luego? Bueno, puedes leer, jugar, tomar algo, dormitar… ¡O hacer corro con los amigos para planear una aventura mágica!

El mapa del merodeador ofrece muchos secretos

Las Grageas Bertie Bott de Todos los Sabores. ¡Mmm!

La sala común de Gryffindor está en una torre. Las vistas son excelentes desde las ventanas.

Percy Weasley

Percy no es de tan fácil trato como el resto de sus hermanos. ¡No está para tonterías! Prefiere ser el perfecto prefecto, escoltar con brío a los novatos de Gryffindor hasta su dormitorio y explicarles las normas de Hogwarts. A Harry le intriga su soplo de que el profesor Snape está interesado en las Artes Oscuras.

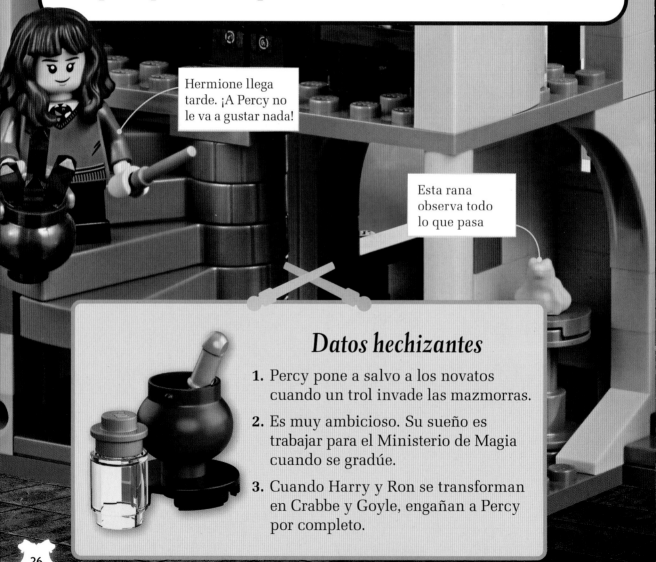

Hermione llega tarde. ¡A Percy no le va a gustar nada!

Esta rana observa todo lo que pasa

Datos hechizantes

1. Percy pone a salvo a los novatos cuando un trol invade las mazmorras.

2. Es muy ambicioso. Su sueño es trabajar para el Ministerio de Magia cuando se gradúe.

3. Cuando Harry y Ron se transforman en Crabbe y Goyle, engañan a Percy por completo.

Ginny Weasley

Ginny tiene sus altibajos en Hogwarts. En su primer año de colegio, cae en una trampa que amenaza a todos los alumnos muggles. Pero, como auténtica Gryffindor, al final reacciona con valentía. Ya ni siquiera se sonroja frente a su amor platónico, Harry Potter. ¡Eso sí que es seguridad!

¡SHHHHH!

¡Uy! ¿Quién ha soltado al basilisco?

Datos hechizantes

1. Ginny encuentra un diario que perteneció a Tom Ryddle y escribe en él acerca de Harry. ¡Mala idea!

2. Sus padres la elogian justo después de que su hermano Ron reciba un horrible vociferador.

3. Ginny cae en un engaño que la lleva a abrir la cámara secreta.

Neville Longbottom

Neville empieza con mal pie en Hogwarts. Confunde los hechizos, se cae de la escoba y se desmaya en cuanto ve una mandrágora. Sin embargo, bajo esa fachada late un auténtico corazón de Gryffindor, y tiene el valor de plantarle cara a quien sea –incluso a sus amigos– cuando cree que están obrando mal.

Las estatuas son un gran obstáculo para los novatos

¡La escoba está totalmente fuera de control!

Datos hechizantes

1. Neville tiene un sapo llamado Trevor.

2. La Herbología es su asignatura preferida. Se le da muy bien.

3. Su abuela le manda una recordadora: una bola de cristal que le recuerda si ha olvidado algo.

La clase de Transformaciones

La clase de Transformaciones de la profesora McGonagall está decorada con estandartes de Gryffindor, pues es la directora de esa casa. Las vidrieras de colores le dan a la estancia un aire majestuoso. Allí los estudiantes aprenden a transformar un objeto en otro bajo la atenta mirada de McGonagall.

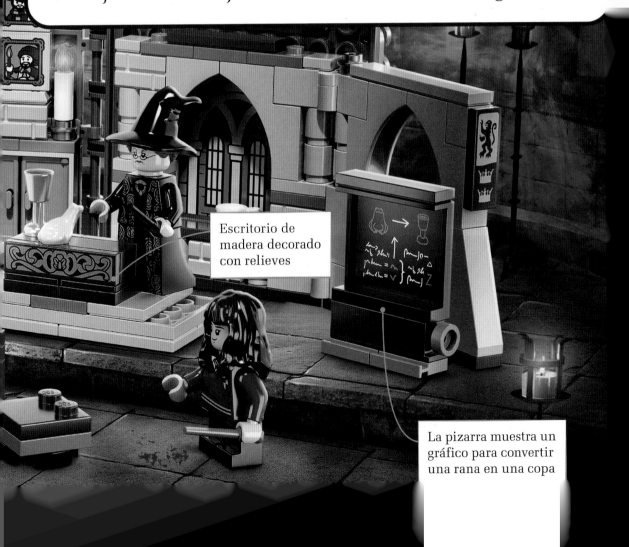

Escritorio de madera decorado con relieves

La pizarra muestra un gráfico para convertir una rana en una copa

El Gran Comedor

En el Gran Comedor hay sitio para todo. ¡Es enorme! Por eso es ideal para comer y también para las celebraciones más sonadas del colegio. La ceremonia del Sombrero Seleccionador, la fiesta de Halloween y el banquete anual para anunciar la casa ganadora se celebran en esta sala alucinante.

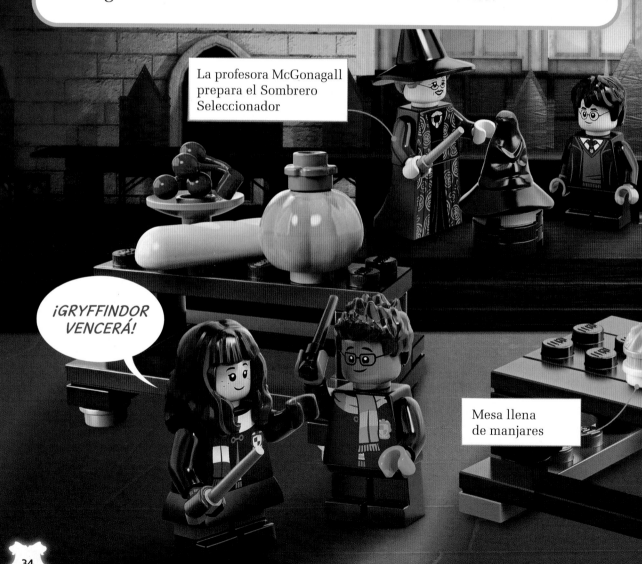

La profesora McGonagall prepara el Sombrero Seleccionador

¡GRYFFINDOR VENCERÁ!

Mesa llena de manjares

¡UUUUH, UUUUH!

No hay tarta para Nick: los fantasmas no pueden comer

Ahí llega el correo del día, repartido por una lechuza

¡ESA TARTA HACE JUEGO CON MI PELO!

Unas velas mágicas flotantes iluminan el Gran Comedor; los estandartes cubren sus paredes.

La casa Hufflepuff

Entregados, pacientes y leales: así son los miembros de Hufflepuff. No son amigos de heroicidades, no tienen sed de poder ni compiten por las notas. Se limitan a hacer magia con serenidad. Son gente simpática cuya sala común está cerca de la cocina del colegio. ¿A alguien le apetece un trozo de tarta?

Susan Bones

Susan es el típico miembro de Hufflepuff. Defiende lo que es justo, pero deja las aventuras a sus amigos de Gryffindor.

La copa de Hufflepuff

Es una reliquia de la casa. En una ocasión la robaron y la convirtieron en un Horrocrux.

¿Sabías que...?

El fantasma de Hufflepuff es el Fraile Gordo. En vida, este alegre clérigo utilizaba la magia para curar a los enfermos.

Emblema del tejón

El tejón del escudo está sereno pero alerta. Al igual que los miembros de la casa, estos pacíficos animales son fieros cuando defienden algo.

Los colores de la casa

Hufflepuff está vinculada al elemento de la tierra. Se cree que el negro y amarillo de su bandera representan el trigo y la tierra.

La profesora Sprout

Pomona Sprout, la directora de Hufflepuff, es una persona amable, comprometida con su papel de maestra de Herbología, y una profesora pragmática que tiene que enseñar a cultivar las habas de la vainilla de viento y a manejar mandrágoras.

Datos hechizantes

1. El despacho de Sprout está en uno de los invernaderos de Hogwarts.

2. Ella curó al Sauce Boxeador cuando Harry y Ron lo dañaron sin querer.

3. Detectó enseguida el talento de Neville Longbottom para la Herbología.

Varita sobre un manual de Herbología

Nueva maceta a la espera de una tierna mandrágora

Cedric Diggory

Amable, justo y valiente, Cedric encarna todo lo bueno de Hufflepuff. Es un gran estudiante, un buen prefecto y un héroe del quidditch. Es ese alumno excepcional al que todos quieren. Cuando el Cáliz de Fuego lo escoge como campeón del Torneo de los Tres Magos, Hogwarts estalla en aplausos.

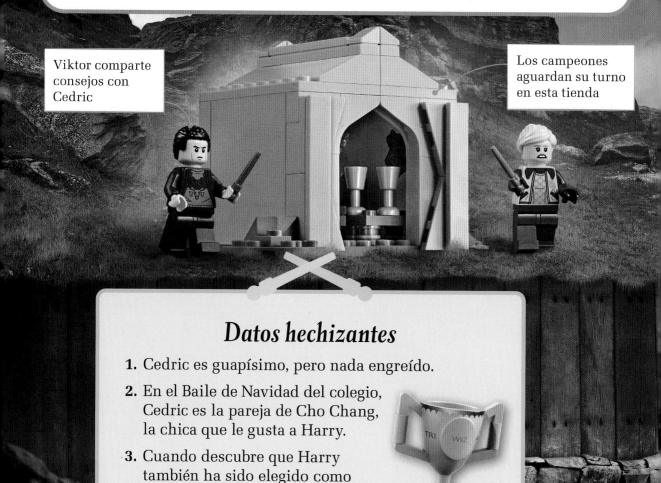

Viktor comparte consejos con Cedric

Los campeones aguardan su turno en esta tienda

Datos hechizantes

1. Cedric es guapísimo, pero nada engreído.

2. En el Baile de Navidad del colegio, Cedric es la pareja de Cho Chang, la chica que le gusta a Harry.

3. Cuando descubre que Harry también ha sido elegido como campeón, se queda desconcertado, pero no se muestra resentido.

Torneo de los Tres Magos

En este intrincado torneo se olvida la rivalidad entre las casas. En él se enfrentan tres escuelas de magia: el Colegio de Magia y Hechicería de Hogwarts, el Instituto Durmstrang y la Academia de Magia Beauxbatons. Cada escuela elige a un campeón para que supere tres peligrosas pruebas.

Harry es el valiente campeón de Hogwarts

¡ATRÁS, DRAGÓN!

El huevo resulta difícil de atrapar

La fiable escoba Firebolt de Harry

En la primera prueba, Harry debe robar un huevo dorado a un dragón que echa fuego por la boca.

Grandes alas con dedos huesudos

¡JRAAAAH!

Una cadenita para sujetar a un gran dragón

43

La clase de Herbología

La profesora Sprout enseña Herbología en un aula instalada en un invernadero. Es la directora de Hufflepuff, y seguramente por eso, el Fraile Gordo, el fantasma de la casa, está siempre rondando por allí. En el aula hay un grifo dorado, destinado a lavar ollas, herramientas y –a veces– a los alumnos.

¡PONEOS LAS OREJERAS!

El cartel avisa de que hay plantas peligrosas

Instrucciones para identificar plantas mágicas

La casa Ravenclaw

En Ravenclaw, el ingenio y el aprendizaje lo son todo. Sus alumnos estudian entre clases, adoran los libros y superan con creces los exámenes del TIMO. ¡Pero no son unos pelmazos empollones! Tienen la mente muy abierta, y su sala común es un hervidero de ardientes debates e ideas extravagantes.

Rowena Ravenclaw

Rowena es la fundadora de esta casa. Se dice que fue ella quien puso nombre a Hogwarts. Lleva una diadema en forma de águila.

Libros para gente despierta

Los miembros de Ravenclaw tienen la mente inquieta. Les encanta leer, pero no temen poner a prueba lo que leen.

Los colores de la casa

El estandarte de la casa Ravenclaw muestra unas águilas con las alas extendidas sobre un fondo plateado y azul, los colores de la casa.

Emblema del águila

El emblema de Ravenclaw es un águila. Las águilas vuelan alto y llegan donde otros no pueden, como sus alumnos.

¿Sabías que...?

La hija de Rowena traicionó a su madre robándole la diadema. Ahora recorre Ravenclaw como el fantasma de la Dama Gris.

El profesor Flitwick

Pequeño en estatura pero gigante en intelecto: así es Filius Flitwick, el director de Ravenclaw. Encaramado en una pila de libros (para obtener mejores vistas), enseña Encantamientos con paciencia y humor. Su carácter tolerante lo hace muy popular. ¡Ni siquiera le molesta que Ron hable en clase!

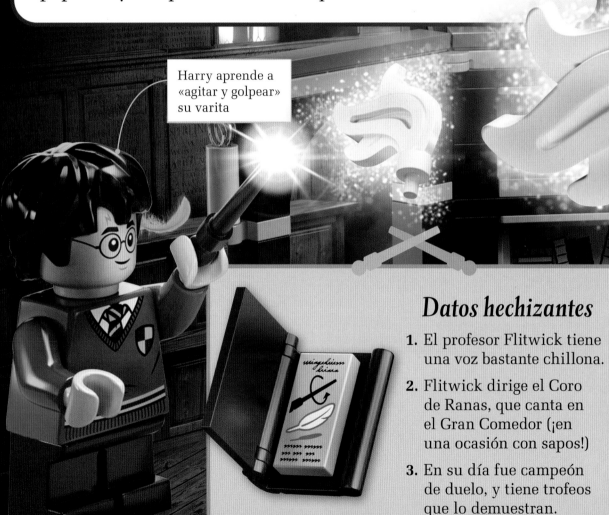

Harry aprende a «agitar y golpear» su varita

Datos hechizantes

1. El profesor Flitwick tiene una voz bastante chillona.

2. Flitwick dirige el Coro de Ranas, que canta en el Gran Comedor (¡en una ocasión con sapos!)

3. En su día fue campeón de duelo, y tiene trofeos que lo demuestran.

Luna Lovegood

Soñadora y muy rarita, hasta los compañeros de Ravenclaw de Luna la encuentran excéntrica. Pero ella demuestra que lo raro puede ser bueno. Saca a Harry de más de un apuro. Y, como miembro del Ejército de Dumbledore, practica hechizos contra las Artes Oscuras en la Sala de los Menesteres.

Mortífago de pega para practicar la puntería

Datos hechizantes

1. Luna cree en unos granujas invisibles llamados nargles.

2. Gracias a sus espectrogafas ve a través de la capa de invisibilidad de Harry.

3. Su padre es el editor de *El Quisquilloso*, un periódico con un punto de vista alternativo del mundo mágico.

La profesora Trelawney

Sybill Trelawney, miembro de la casa Ravenclaw, es profesora de Adivinación: el arte de ver el futuro mediante cristales, hojas de té o simplemente con su «ojo interior». Algunos se mofan de ella porque es muy excéntrica y porque sus profecías rara vez se cumplen. ¡Pero, cuando acierta, acierta de lleno!

¡MIRAD... MÁS ALLÁ!

Sus gruesas gafas le agrandan los ojos

Aparador con tazas y platitos

Taza con reveladoras hojas de té

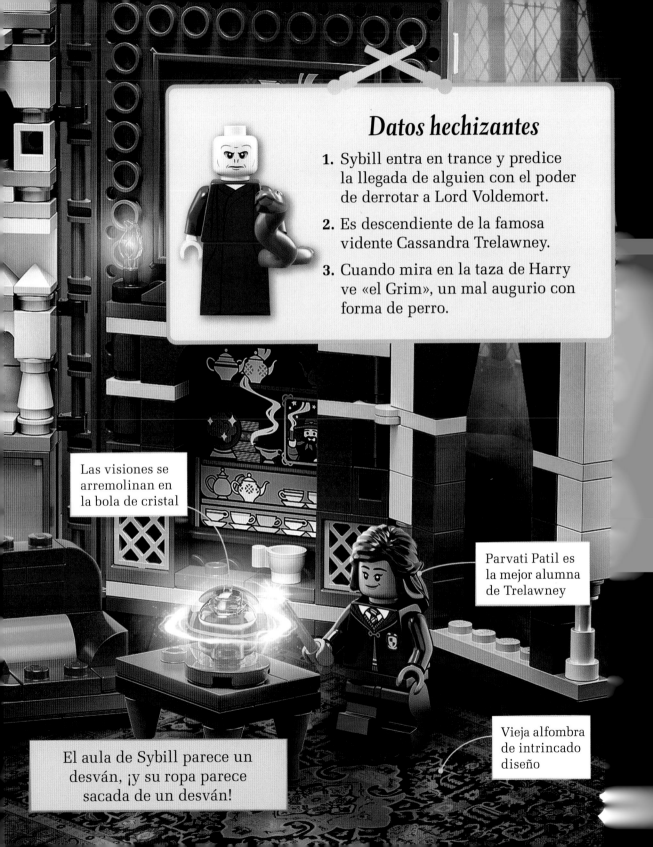

Datos hechizantes

1. Sybill entra en trance y predice la llegada de alguien con el poder de derrotar a Lord Voldemort.

2. Es descendiente de la famosa vidente Cassandra Trelawney.

3. Cuando mira en la taza de Harry ve «el Grim», un mal augurio con forma de perro.

Las visiones se arremolinan en la bola de cristal

Parvati Patil es la mejor alumna de Trelawney

Vieja alfombra de intrincado diseño

El aula de Sybill parece un desván, ¡y su ropa parece sacada de un desván!

El profesor Lockhart

El profesor de Ravenclaw Gilderoy Lockhart derrocha belleza y carisma, y se jacta de sus actos heroicos y sus *bestsellers*. ¡Si sus admiradores supieran que toda su fama es robada! Lockhart usa encantamientos para borrar la memoria a los auténticos héroes y hacer que no recuerden sus proezas.

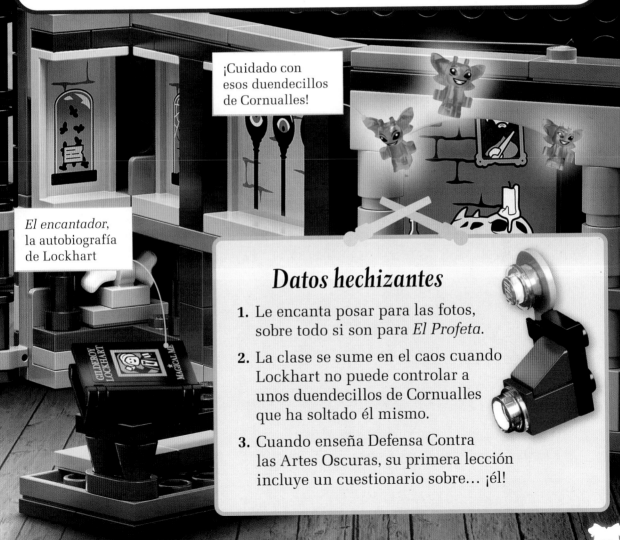

¡Cuidado con esos duendecillos de Cornualles!

El encantador, la autobiografía de Lockhart

Datos hechizantes

1. Le encanta posar para las fotos, sobre todo si son para *El Profeta*.

2. La clase se sume en el caos cuando Lockhart no puede controlar a unos duendecillos de Cornualles que ha soltado él mismo.

3. Cuando enseña Defensa Contra las Artes Oscuras, su primera lección incluye un cuestionario sobre… ¡él!

Un partido de quidditch

¡Nada como un partido de quidditch para avivar la rivalidad entre las casas! En este juego, los cazadores marcan puntos lanzando la quaffle a través de un aro; los buscadores persiguen la snitch, y los golpeadores se defienden de dos bludgers, unas pelotas de hierro que atacan sin piedad a los jugadores.

Snape observa atento desde la torre de Slytherin

Quaffle interceptada por un guardián

Los equipos de Gryffindor y Slytherin se enfrentan sobre el campo ovalado.

El buscador Harry
en su escoba
Nimbus 2000

CASI,
CASI...

¡VE A
POR ELLA,
HARRY!

GRYFFINDOR

¿Sabías que...?
Una bludger golpeó al
capitán de Gryffindor,
Oliver Wood, en su
primer partido.
¡Se quedó fuera de
combate una semana!

La casa con la
mayor puntuación
del año gana la copa

La casa Slytherin

Los estudiantes de Slytherin son orgullosos, ambiciosos y astutos. Son líderes natos, y ser un miembro de esta casa puede conducir a la grandeza. Sin embargo, se cree que usan la magia para su propio beneficio, aunque ellos llaman a eso ambición. Son muy leales entre sí, lo cual es una auténtica virtud.

El guardapelo de Salazar

En su tiempo se convirtió en una reliquia familiar. Años después, Ron lo destruyó al descubrir que se había transformado en un Horrocrux.

El basilisco

Vive oculto en las entrañas de la cámara secreta. Solo el heredero de Slytherin —sea quien sea— puede controlar a esta serpiente gigante.

¿Sabías que...?

El pársel es la lengua de las serpientes. Harry es uno de los pocos hablantes de pársel que no pertenece a Slytherin.

Los colores de la casa

Los colores de Slytherin son el plateado y el verde. El estandarte muestra serpientes verdes y lanzas plateadas sobre un fondo cuarteado.

Emblema de la serpiente

La serpiente es el emblema perfecto de Slytherin: como sus miembros, son sigilosas, escurridizas y siempre eligen el mejor momento para atacar.

El profesor Snape

El arisco Severus Snape es el director de la casa Slytherin y profesor de Pociones en Hogwarts. A menudo parece que solo favorezca a sus alumnos de Slytherin, pero el estricto y sarcástico Snape no duda en castigar a todo el que se porte mal. ¡Intimida a estudiantes y profesores por igual!

Esta poción verde burbujea en el caldero

Manual de elaboración de pociones

Datos hechizantes

1. En la primera clase de Pociones de Harry, Snape dice a los alumnos que él puede contarles cómo embotellar la fama y elaborar la gloria.

2. Le resta cinco puntos a Gryffindor porque Hermione es «una sabelotodo insufrible».

3. Quiere expulsar a Ron y a Harry en su segundo año, pero no puede hacerlo porque no es el director de Gryffindor.

TE SUGIERO QUE PRESTES ATENCIÓN, FINNIGAN...

Cabello largo y desaliñado

Amplia túnica negra

Draco Malfoy

Draco está muy orgulloso de ser un mago de sangre limpia. Es esnob, taimado y sarcástico, y odia a todos los que tienen ascendencia muggle. También detesta a los sangre limpia que no se ponen de su parte, como Ron. Puede que tenga un destello de bondad, pero, si es así, lo esconde muy bien.

Farol colgado del muro de Hogwarts

Datos hechizantes

1. Como hijo único de una familia rica, Draco está mimadísimo.

2. Sus amigos, Crabbe y Goyle, están pendientes de todo lo que dice.

3. Está muy interesado en aprender Artes Oscuras.

Datos hechizantes

1. Slughorn fue el profesor de Pociones en Hogwarts antes de que lo sustituyera Severus Snape.

2. Una vez se transformó en un sillón para esconderse de los mortífagos, seguidores de Lord Voldemort.

3. La piña cristalizada es su bocado favorito.

¡ADELANTE, ADELANTE!

Esta pajarita le da un toque refinado

Vino hecho por elfos listo para servirse

El profesor Slughorn

A Horace Slughorn, profesor de Slytherin, le encanta socializar con magos y brujas de élite. ¡Le hace sentirse importante! Su club extraescolar, el Club de las Eminencias, es muy exclusivo. Él es bueno, pero le gusta demasiado que lo adulen, algo de lo que se aprovecha el alumno Tom Ryddle.

Deliciosos postres para las mejores papilas gustativas

Los farolillos dan una luz tenue y glamurosa

La clase de Pociones

La clase de Pociones está a punto de empezar. El aula, oculta en las entrañas de las mazmorras de Hogwarts, luce los colores de Slytherin. (Casi todos los profesores de Pociones son de esa casa.) Allí aguardan estantes llenos de botellas y un caldero, y un sinfín de olores llenan el aire. ¡Hora de hacer mejunjes!

La campana de cristal guarda sustancias tóxicas

Receta de la poción de hoy en la pizarra

Mechones
salvajes y
revueltos

La varita
lanza un
feroz hechizo

¡El fuego mágico
no puede apagarse
con cubos de agua!

Bellatrix Lestrange

Bellatrix se proclama con orgullo «la servidora más leal del Señor Tenebroso». Es una Slytherin de pies a cabeza. En su malvada carrera mágica ha incendiado la casa de los Weasley, ha torturado a Hermione y ha acabado con el elfo doméstico Dobby. ¡Y ha disfrutado de cada minuto!

¿Atrapará a Harry el hombre lobo Fenrir Greyback?

Datos hechizantes

1. Bellatrix es una mortífaga, es decir, miembro de un grupo que practica las Artes Oscuras al servicio de su amado Lord Voldemort.

2. Utilizó la maldición cruciatus para torturar a los padres de Neville.

3. Pasó 15 años en la prisión de Azkaban. ¡Y en todo ese tiempo no se arrepintió ni una vez!

Las llamas envuelven la casa de Ron

AZKABAN PRISON

Defensa Contra las Artes Oscuras

Las Artes Oscuras sirven para hacer daño. En Hogwarts están prohibidas (¡aunque a algunos de Slytherin les gustaría que no lo estuvieran!). En el aula 3C, Alastor Moody enseña a los alumnos a combatirlas, pero ¿él es el verdadero Moody? ¿O acaso la magia oscura ya está haciendo de las suyas?

¡Y AHORA, LAS MALDICIONES!

Tarro de arañas para la clase de maldiciones

El ojo mágico de Moody puede girar 360 grados

Pierna ortopédica; perdió la propia en combate

Muchos han enseñado en esta gran aula abovedada. Nadie ha durado mucho en el puesto.

De la pared cuelgan extraños artefactos

SEÑOR, SE HA ESCAPADO UNA ARAÑA...

¿Qué habrá dentro de este baúl embrujado?

La enfermería

Heridas de quidditch, hechizos que salen mal, ataques mágicos... Ocasiones no faltan para pasar por la enfermería. ¡Pero no hay que preocuparse! La señora Poppy Pomfrey suelda huesos con la poción crecehuesos, elimina los forúnculos que causa el pus de bubotubérculo... ¡Los pacientes se curan en un periquete!

Poción crecehuesos, famosa por su sabor repugnante

Colchas de color celeste. ¡Estamos en terreno neutral!

Hay pocas sillas para las visitas. Pomfrey cree que los pacientes necesitan tranquilidad.

Casa y hogar

Para alumnos como Harry, esta es la primera vez que se sienten parte de algo. Es genial estar entre personas que se preocupan por ellos. Y pronto el colegio empieza a parecerles un auténtico hogar, y los demás miembros (y hasta algunos profesores) son como una familia. ¡Tal como dijo McGonagall!

VUESTRA CASA SERÁ COMO VUESTRA FAMILIA.

Felices vacaciones

Harry y Ron se quedan en Hogwarts esta Navidad. Es divertido abrir regalos juntos en la sala común de Gryffindor.

Un trío muy unido

Los miembros de Gryffindor Harry, Hermione y Ron forjan un vínculo muy fuerte. Comparten secretos, aventuras y, por supuesto, chuches.

Reflexiones

El pobre Harry nunca disfrutó de la vida con su familia real. En el mágico espejo de Oesed ve un reflejo de cómo podían haber sido las cosas.

El padrino de Harry

El mago Sirius Black es el padrino de Harry. ¡Le ha sido muy difícil ayudarlo mientras estaba encerrado por un crimen que no cometió!

Edición sénior Elizabeth Cook
Edición de arte del proyecto Jenny Edwards
Diseño Rosamund Bird
Producción editorial sénior Jennifer Murray
Control de producción sénior Lloyd Roberston
Coordinación editorial Paula Regan
Coordinación de arte Jo Connor
Dirección editorial Mark Searle
Textos Julia March

De la edición española
Coordinación editorial Marina Alcione
Asistencia editorial y producción Malwina Zagawa

DK desea dar las gracias a Laura Palosuo por la corrección
de pruebas y a Ruth Amos por su ayuda en la edición.

Publicado originalmente en Gran Bretaña en 2022 por Dorling Kindersley Limited
One Embassy Gardens, 8 Viaduct Gardens, London SW117BW

Parte de Penguin Random House

Título original: LEGO® Harry Potter
A Spellbinding Guide to Hogwarts Houses
Primera edición 2023

Copyright del diseño de página © 2022
Dorling Kindersley Limited

Manufactured by Dorling Kindersley, One Embassy Gardens,
8 Viaduct Gardens, London SW11 7BW, under licence
from the LEGO Group.

© Traducción en español 2023 Dorling Kindersley Limited

Servicios editoriales: deleatur, s.l.
Traducción: Carmen Gómez Aragón

ISBN 978-0-7440-8271-5

Impreso y encuadernado en China

www.LEGO.com

Para mentes curiosas
www.dkespañol.com

MIXTO
Papel | Apoyando la
selvicultura responsable
FSC™ C018179

Este libro se ha impreso con papel
certificado por el Forest Stewardship
Council™ como parte del compromiso
de DK por un futuro sostenible.
Para más información, visita
www.dk com/our-green-pledge.